Copyright © 2020 by Mommy books
All rights reserved. This book or any portion thereof
may not be reproduced or used in any manner whatsoever
without the express written permission of the publisher

Pen control

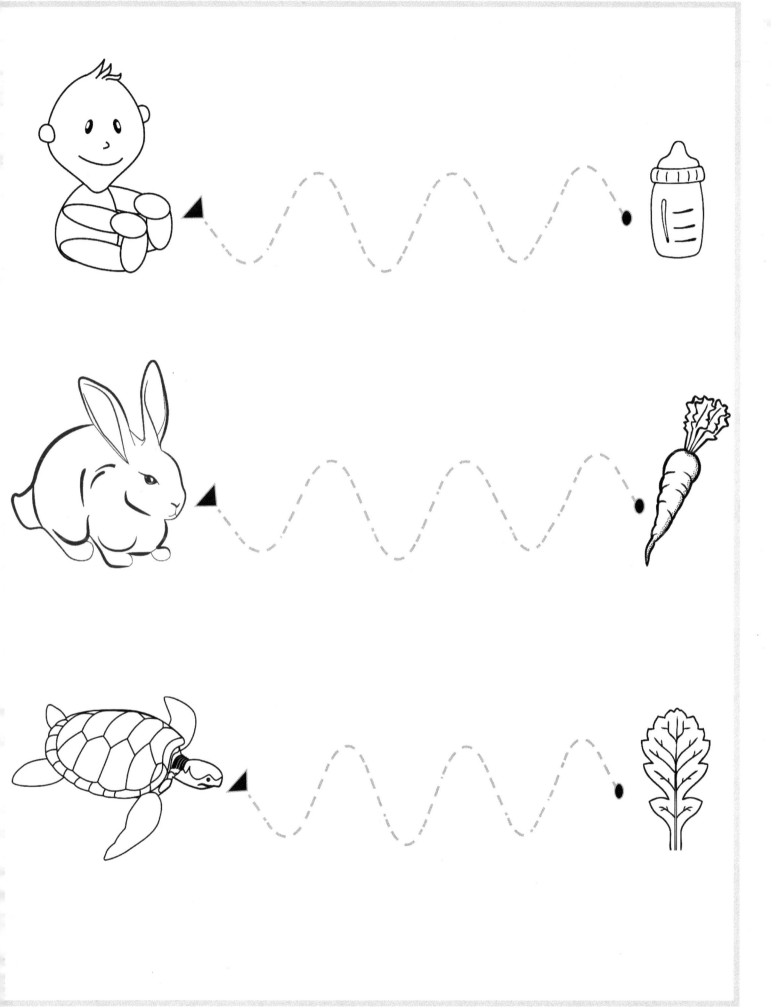

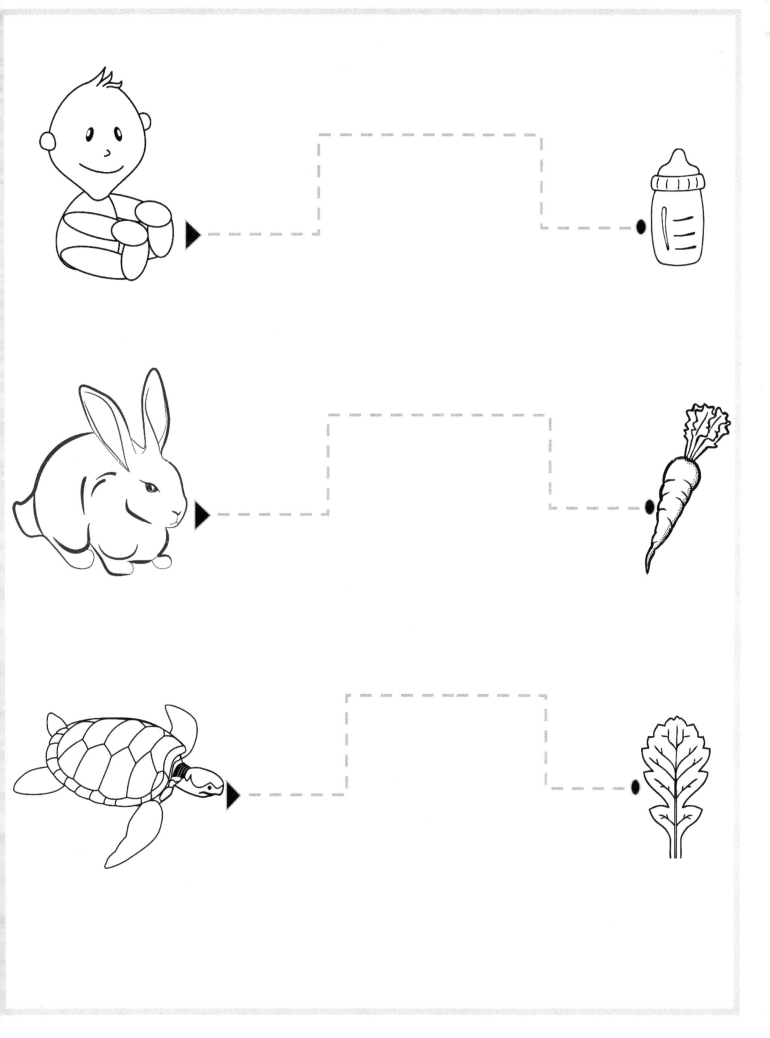

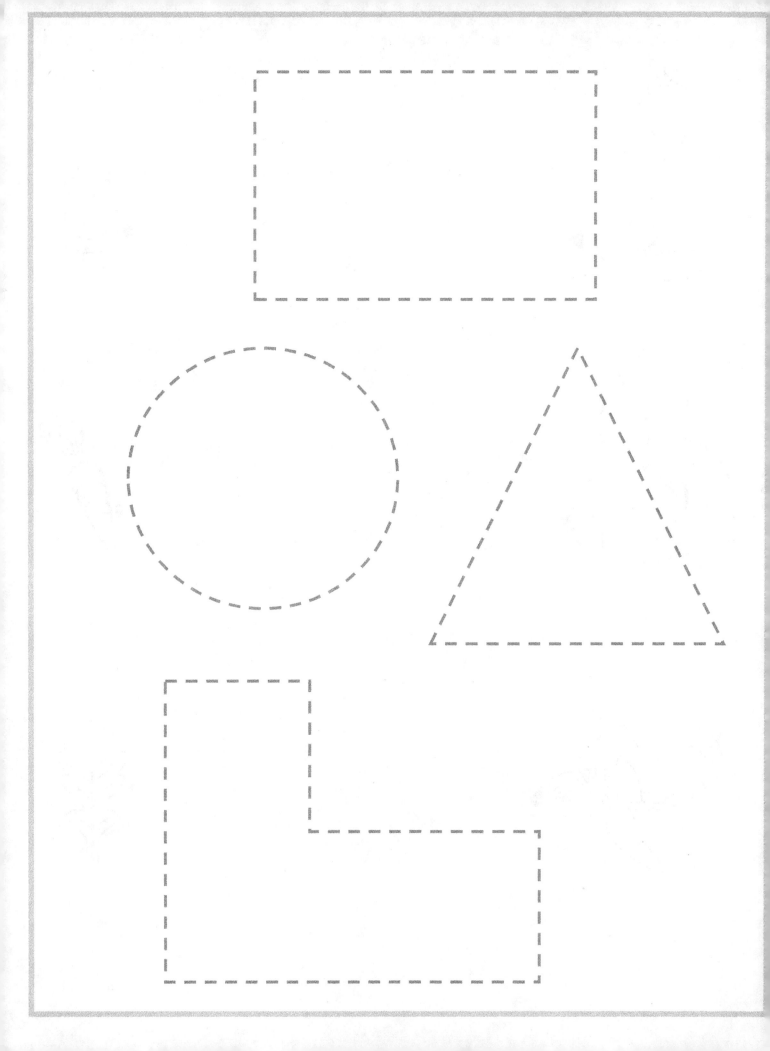

ABC
Letters

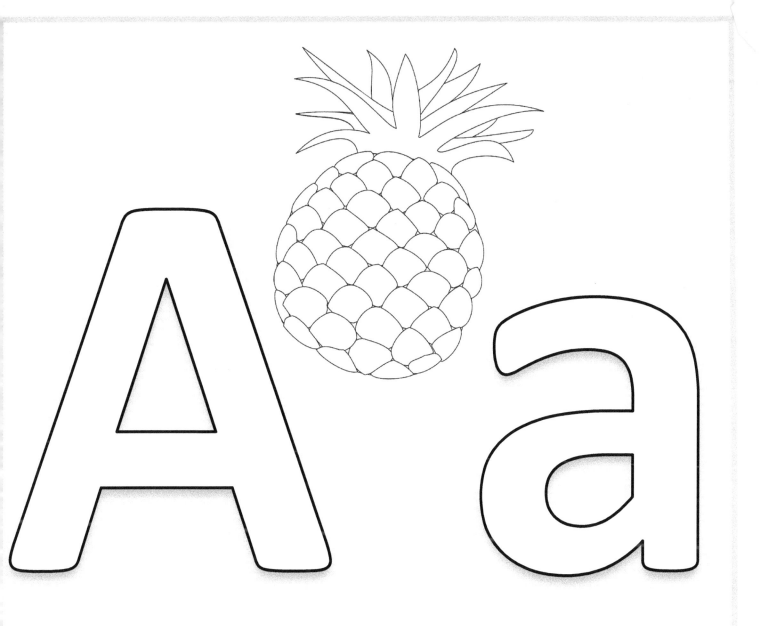

Bb

B B B B B B B B B B

B B B B B B B B B B

b b b b b b b b b b

b b b b b b b b b b

Baby

Crocodile

Cc

crocodile

Dodo

Dd

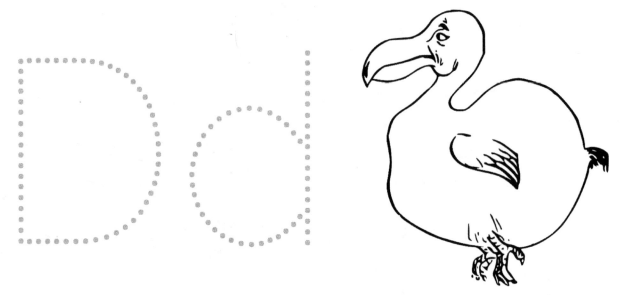

Dodo

Elephant

Fox

Fox

Gg

Giraffe

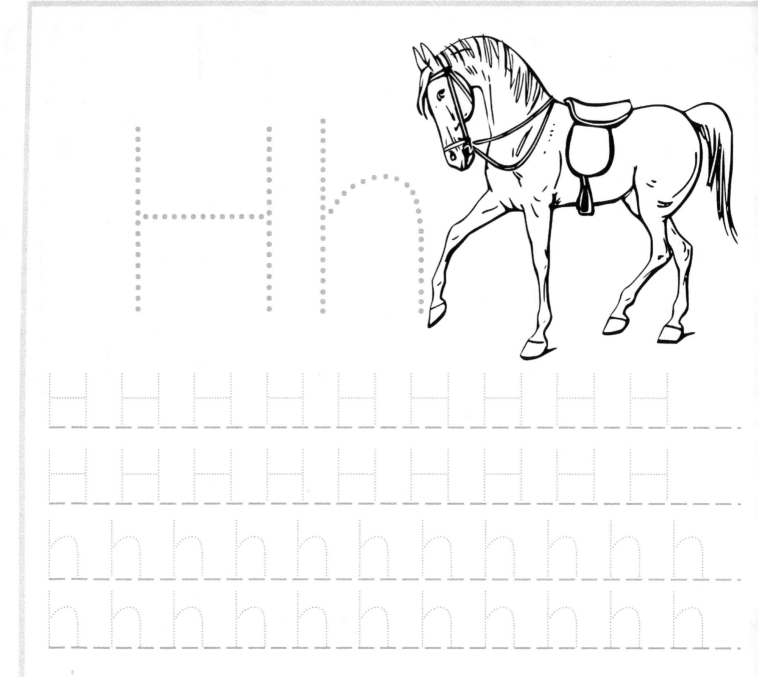

Ibis

ibs

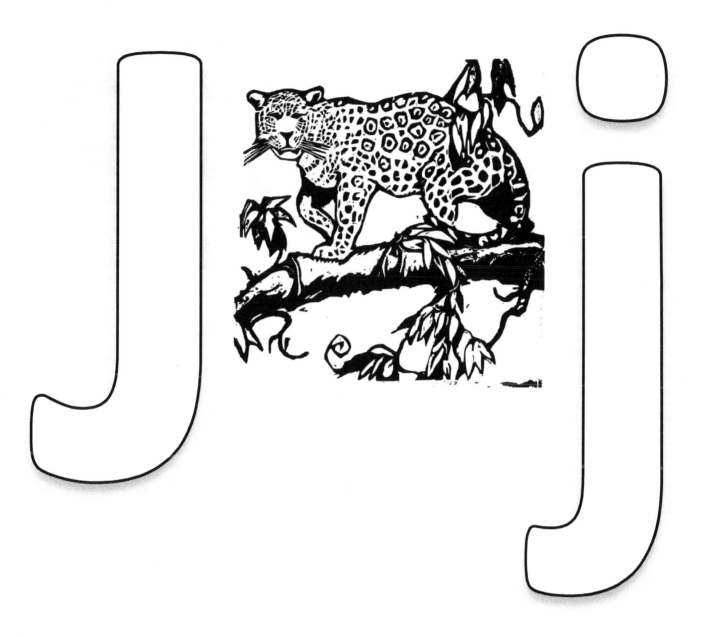

Jj

Jaguar

Jj

Jaguar

Kk

koala

Ll llama

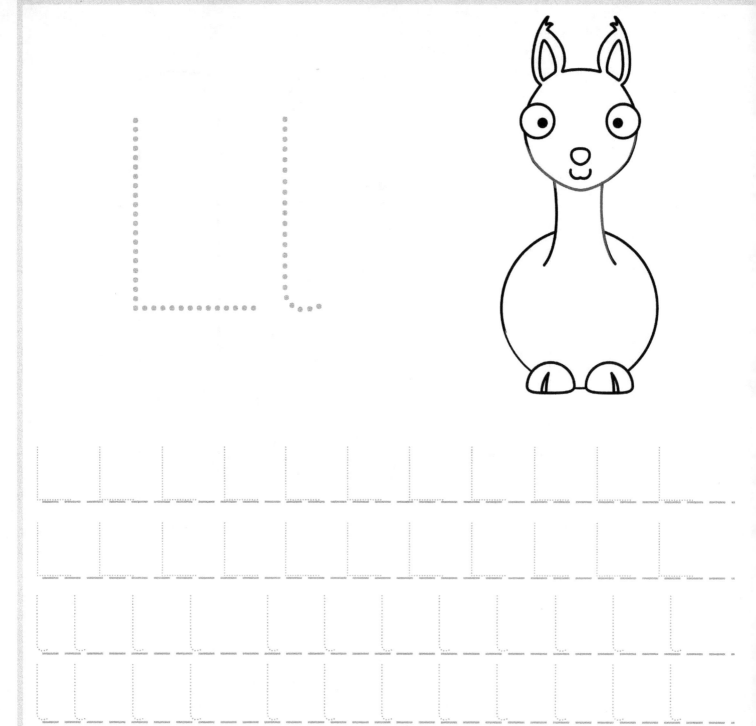

Nn

N N N N N N N N N
N N N N N N N N N
n n n n n n n n n
n n n n n n n n n

Nurse

O o

onion

Pp

P P P P P P P
P P P P P P P
p p p p p p p
p p p p p p p

Pig

Rat

Rr

R R R R R R R R R R
R R R R R R R R R R
r r r r r r r r r r
r r r r r r r r r r

Rat

Snake

Ss

S S S S S S S S S S
S S S S S S S S S S
s s s s s s s s s s
s s s s s s s s s s

Snake

T t

Tomato

Tt

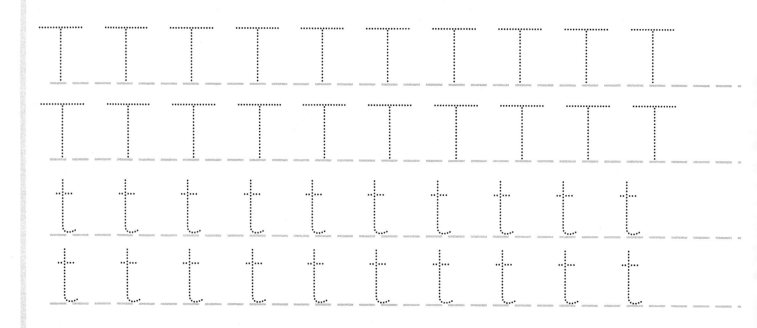

Tomato

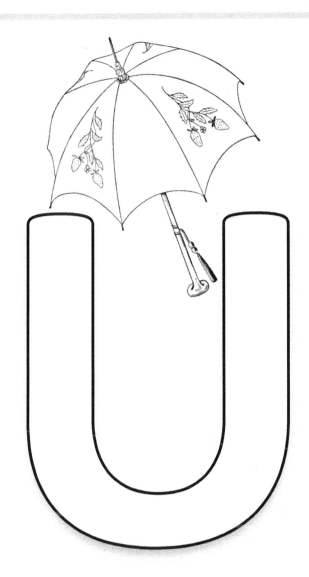 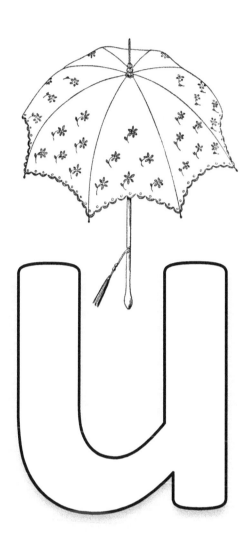

Umbrella

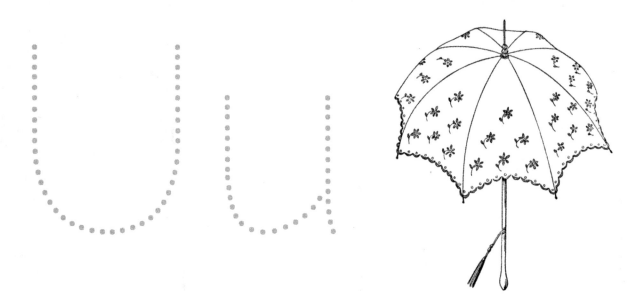

Uu

Umbrella

Ww

whale

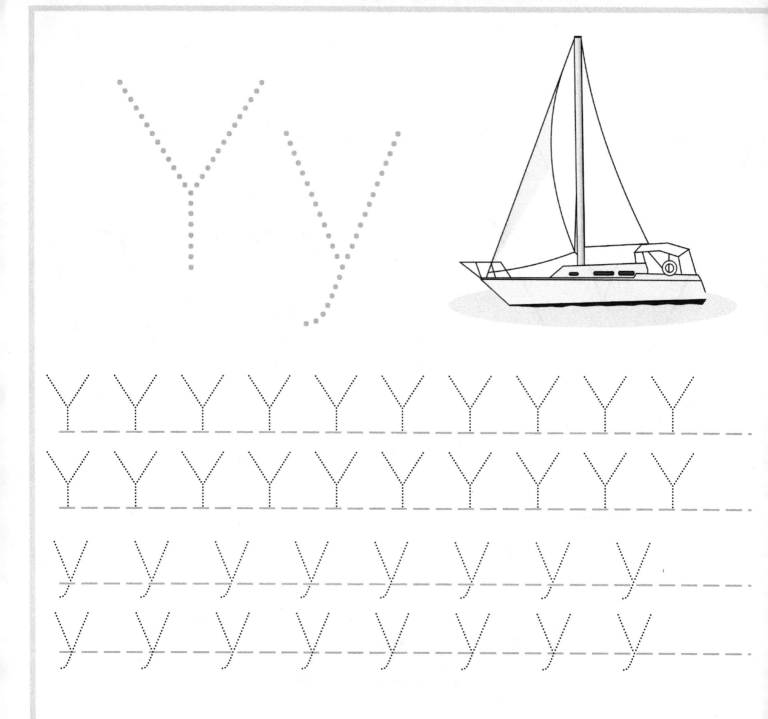

Z z

zebra

Zebra

123 Numbers

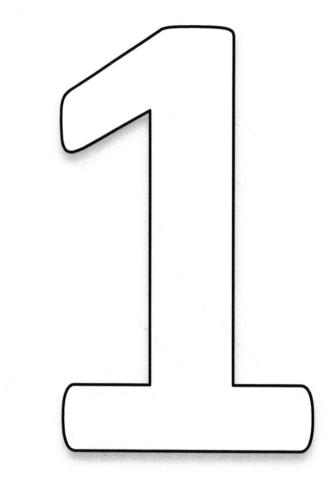

Circle and color number one:

0 1 3 1 4

8 1 5 8 9

7 1 3 2 1

5 8 1 1 5

Color one apple :

1

2

Two

Circle and color number two:

0 2 3 2 4

8 2 5 8 9

7 2 3 2 1

5 8 2 2 5

color two violins :

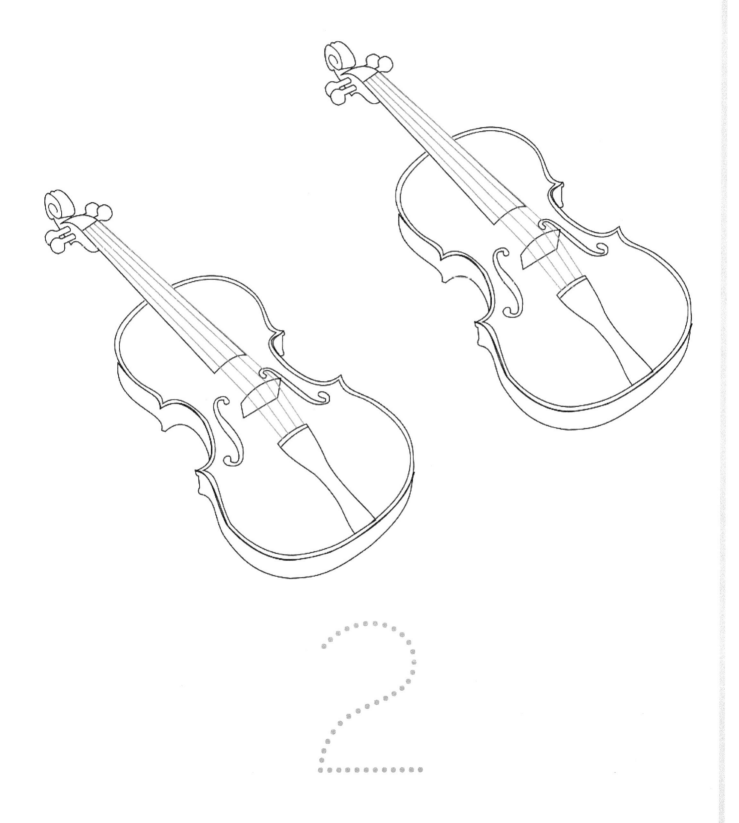

3

Three

Circle and color number three:

0 3 3 1 4

8 3 5 8 9

7 1 3 2 3

5 8 3 3 5

Color three apples :

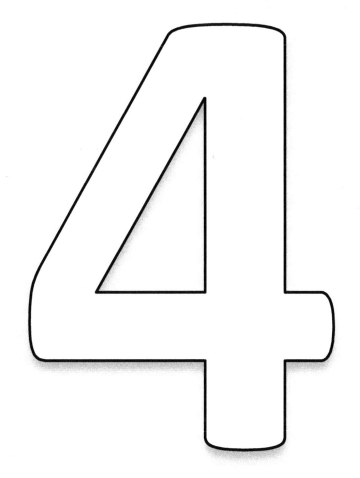

Four

color four pineapples :

Circle and color number four:

0 4 3 1 4

8 4 5 8 9

7 4 3 2 4

5 8 4 4 5

5

Five

Circle and color number five:

0 5 3 5 4

8 1 5 8 9

7 5 3 2 5

5 8 1 1 5

color five giraffes :

6

Six

Circle and color number six:

Circle six crocodiles :

7

Seven

Circle and color number seven:

0 7 3 7 4

8 7 5 8 9

7 1 3 2 7

5 8 1 1 5

Circle seven baby bottle:

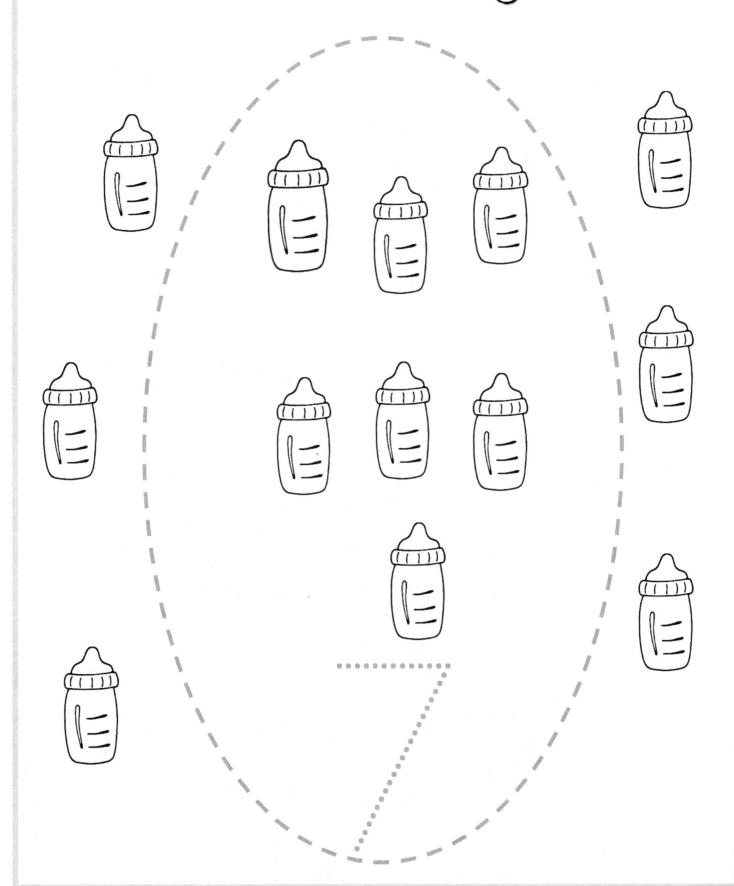

Eight

Circle and color number eight:

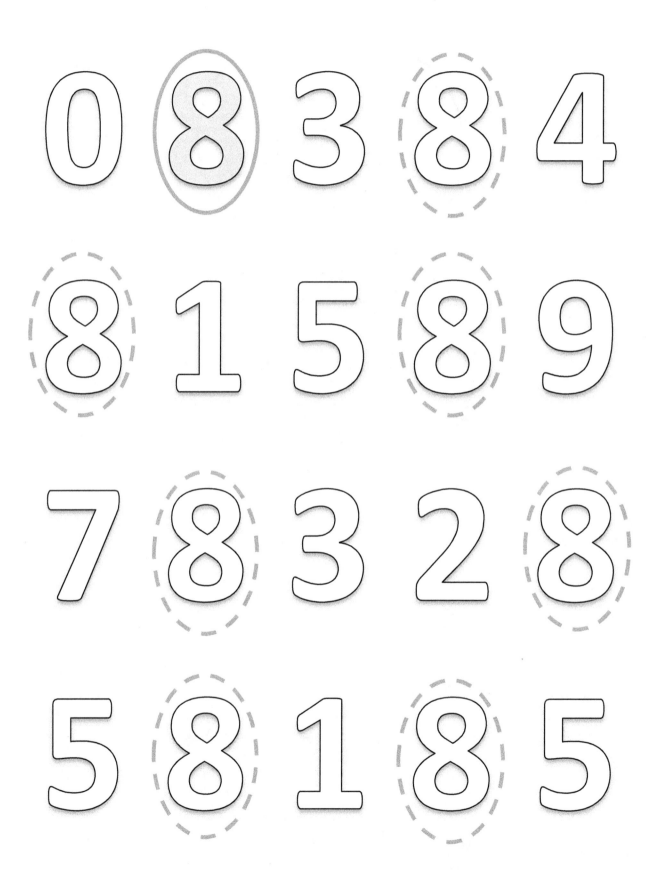

color eight strawberries:

Circle and color number nine:

color nine fish:

10

Teen

Circle and color number teen:

0 10 3 10

8 10 8 9 7

1 10 2 1 5

8 1 1 10 1

color teen candy:

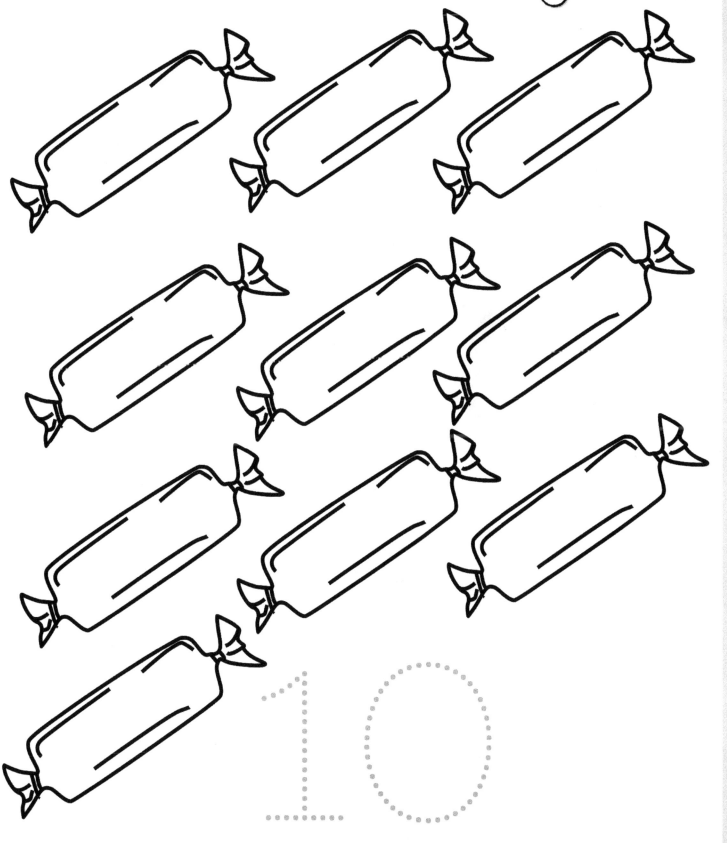

CERTIFICAT OF COMPLETION

This is to attest that

....

has completed "learn to write workbook"

....
Teacher (Mom)   Teacher (Dad)

CPSIA information can be obtained
at www.ICGtesting.com
Printed in the USA
LVHW060347051022
730015LV00018B/226